LA FRANCE

DRAMATIQUE

AU

DIX-NEUVIÈME SIÈCLE.

Théâtre du Vaudeville.

LE DÉBUTANT,

ou

L'AMOUR ET LA COMÉDIE.

COMÉDIE EN UN ACTE.

688.

PARIS,

CH. TRESSE, ACQUÉREUR,
DU FONDS ET SUCCESSEUR
DE J.N. BARBA,
PALAIS-ROYAL, GALERIE DE CHARTRES,
N. 2 et 3, derrière le Théâtre-Français.

RAYMOND-BOCQUET,
Place de la Bourse, n° 13,
E. MICHAUD,
Boulevard Saint-Martin, 2,
à côté du Théâtre de l'Ambigu.

PAUL MASGANA, péristyle de l'Odéon,

ET DANS TOUS LES MAGASINS PITTORESQUES.

—

1841.

LE DÉBUTANT

OU

L'AMOUR ET LA COMÉDIE ,

COMÉDIE EN UN ACTE,

MÊLÉE DE COUPLETS,

PAR M. CHARLES DESNOYER ,

Représentée, pour la première fois, sur le théâtre du Vaudeville, le 20 avril 1841.

—◦—

PERSONNAGES.

FRABOULET.	MM. Amant.
VICTOR.	Adolphe-Laferrière.
FRÉDÉRIC.	Fradelle.
AMÉLIE.	Mmes Mary.
VÉRONIQUE.	Martin.

La scène se passe à Paris.

—

Nota. Le principal personnage de cette pièce (Victor) a déjà été mis au théâtre, dans une comédie du même auteur, intitulée *Je serai comédien,* ou *l'élève du Conservatoire.* Ce rôle était habituellement choisi en province pour les débuts, dans l'emploi des jeunes premiers rôles. L'auteur, pour justifier et mériter davantage le choix des artistes, a voulu donner à ce caractère tous les développemens possibles, en même temps qu'il faisait à la pièce primitive les modifications nécessaires pour l'adapter à la scène du Vaudeville.

Le succès qu'il vient d'obtenir à ce théâtre le décide à faire réimprimer son ouvrage, avec tous les changemens. Il saisit cette occasion pour remercier le directeur de la scène (M. Augustin Vizentini) et les artistes du Vaudeville des soins qu'on a donnés aux études de sa pièce, et du talent avec lequel elle a été généralement représentée. M. Amant a été d'un naturel parfait, d'une bouffonnerie d'excellent goût dans le rôle de *Fraboulet,* et M. Laferrière a joué *le Débutant* en comédien consommé.

Un salon très-simplement meublé, un guéridon, des chaises et des fauteuils, une console, une psyché, un canapé.

SCÈNE I.

FRABOULET et FRÉDÉRIC, assis tous les deux auprès l'un de l'autre sur le devant de la scène; Véronique, écoutant au fond, en se cachant de temps en temps derrière la psyché.

FRABOULET.

Continuez, mon jeune ami, continuez, je ne perds pas une seule de vos paroles.

VÉRONIQUE, au fond.

Ni moi non plus.

FRÉDÉRIC.

Votre obligeant accueil me donne du courage, et je n'hésite plus à vous faire connaître le motif de ma visite... (se levant à moitié, et saluant.) M. Fraboulet...

FRABOULET, de même.

Monsieur Frédéric.

FRÉDÉRIC.

Vous savez que je suis maître-clerc dans l'étude de votre notaire; je n'ai que vingt-cinq ans, et à mon âge, il est concevable que je n'aie pas encore fait ma fortune ; mais j'appartiens à une

1

famille de négocians et de banquiers, et mon
avenir...

FRABOULET.

Je comprends... vous avez ce que nous appe-
lons des espérances : vous aurez le bonheur de
posséder cinquante mille livres de rentes... du
moment que vous aurez eu le malheur de perdre deux de vos oncles, et trois ou quatre de vos
cousins... Superbes espérances ! Continuez.

FRÉDÉRIC.

Enfin, monsieur, et je touche à l'endroit le
plus difficile de ce que j'ai à vous dire, j'aime,
j'adore mademoiselle votre fille.

FRABOULET.

Amélie !

VÉRONIQUE, à part.

Ah ! nous y voilà !

FRÉDÉRIC.

J'ose me flatter que de mon côté je ne lui suis
pas indifférent.

VÉRONIQUE, à part.

Pardine ! je le crois bien.

FRÉDÉRIC.

Et je sollicite de vous, comme le plus précieux
bien que je puisse obtenir, l'honneur de faire
partie de votre famille.

VÉRONIQUE, à part.

Ah ! voyons... qu'est-ce qu'il va répondre,
M. Fraboulet ?

FRABOULET, après un instant de réflexion, se levant
vivement.

Monsieur Frédéric...

FRÉDÉRIC.

Monsieur Fraboulet.

FRABOULET.

Votre proposition me flatte infiniment. Je
vous en remercie... elle me va droit au cœur, et
j'en suis ému jusqu'aux larmes.

FRÉDÉRIC.

Ah ! monsieur...

FRABOULET.

Touchez là.

VÉRONIQUE, à part.

Allons donc ! j'en étais sûre... Je vais conter
ça à mademoiselle.

(Elle sort.)

SCÈNE II.

FRABOULET, FRÉDÉRIC.

FRABOULET.

Touchez-là, vous dis-je, mon jeune ami...
vous n'aurez pas ma fille.

FRÉDÉRIC.

Plaît-il? Comment?...

FRABOULET.

J'en suis fâché, j'en suis désespéré ; mais ça
ne se peut pas.

FRÉDÉRIC.

Cependant, monsieur, à l'instant même, j'avais
cru comprendre...

FRABOULET.

Pardonnez-moi, ça ne se peut pas, j'ai disposé
dans ma tête de la main d'Amélie.

FRÉDÉRIC.

O ciel !

FRABOULET.

Et ce qui a été arrêté là, monsieur Frédéric...
(Il met la main sur son front.) est immuable et
irrévocable... On prétend que c'est de l'obstina-
tion, de l'entêtement... point... c'est du caractère... ça m'est venu depuis que j'ai le doulou-
reux avantage d'être veuf : je prends une revan-
che de ma vie conjugale, où je subissais toujours
en esclave le despotisme de feue madame Fraboulet... je sens, je comprends enfin que je suis
homme, et ce que je veux, je le veux.

FRÉDÉRIC.

Mais ne puis-je savoir, monsieur Fraboulet,
quelle est la personne que vous me préférez ?

FRABOULET.

Sans doute... vous le saurez, ce soir... avec
tout le monde.

FRÉDÉRIC.

Ce soir !...

FRABOULET.

N'ai-je pas eu l'honneur de vous adresser ?...

FRÉDÉRIC.

En effet, je me souviens que nous avons reçu
des circulaires à l'étude, et qu'il y avait pour
mon patron, pour moi quelques lignes de votre
main, une recommandation spéciale de ne pas
manquer d'être des vôtres.

FRABOULET.

Justement, ça rentre dans mes projets.... J'ai
absolument besoin d'un notaire pour ce soir...

FRÉDÉRIC.

Que dites-vous ?

FRABOULET.

C'est une surprise que je veux faire à ma fille,
à son futur, à toute la compagnie... Vous savez,
je suis l'homme des surprises, de l'imprévu.....
l'imprévu, c'est mon système et celui de mon
neveu Victor, depuis que nous étudions ensemble des rôles dans le drame moderne.

FRÉDÉRIC.

Cependant, monsieur...

FRABOULET.

Brisons-là, voici ma fille.
(Il tient toujours dans ses mains celles de Frédéric.
Entrent Amélie et Véronique.)

SCÈNE III.

LES MÊMES, AMÉLIE, VÉRONIQUE.

VÉRONIQUE, bas en entrant à Amélie.

Là ! voyez-vous, mam'zelle... il lui donne encore des poignées de main, c'est une affaire
finie.

FRABOULET, allant embrasser sa fille sur le front.

Bonjour, mon enfant, bonjour... je sors avec
M. Frédéric.

FRÉDÉRIC, saluant.

Mademoiselle...
(Amélie fait une révérence.)

FRABOULET.

J'ai encore beaucoup d'ordres à donner, beaucoup de préparatifs à surveiller pour notre fête
de ce soir... et c'est pour cela, mon cher monsieur Frédéric, que je vais passer avec vous
chez votre patron... Il faut nécessairement que
je le voie, que je m'entende avec lui pour le contrat.

LES DEUX FEMMES, ensemble.

Le contrat ?

VÉRONIQUE, bas à Amélie.

Hein ! qu'est-ce que je vous disais ?
(Toutes deux se sont rapprochées de Fraboulet.)

FRABOULET.

Chut ! silence ! ne m'interroge pas, Amélie, ni
toi non plus, Véronique... c'est un secret, une
surprise !...

TOUTES LES DEUX, en souriant.

Ah ! une surprise !...

FRABOULET.

Ce soir, pas avant, vous saurez tout, venez,
venez, mon jeune ami.

FRÉDÉRIC.

Mademoiselle, j'ai l'honneur...(A part.) Comme
elle me regarde ! et ne pouvoir lui dire qu'elle
se trompe !

FRABOULET.

AIR : Des chemins de fer.

Je pars, mais bientôt, je l'espère,
Près de toi je suis de retour...

Va, mon enfant, tu ne soupçonnes guère
Comment je vais te surprendre en ce jour.

AMÉLIE.

J'attends, à vos ordres soumise,
Car je le sens au fond du cœur,
Si vous voulez me faire une surprise...
Mon père, c'est pour mon bonheur.

Ensemble.

FRABOULET.

Je pars, mais bientôt je l'espère, etc.

AMÉLIE ET VÉRONIQUE.

Il part, mais bientôt je l'espère,
Nous allons le voir de retour.
Je devine comment un père
Prétend nous surprendre en ce jour.

FRÉDÉRIC.

Je pars, mais bientôt je l'espère,
Sans lui je serai de retour,
Il faut pour moi qu'elle parle à son père
Ou c'en est fait de notre amour.

(Sortie de Fraboulet et Frédéric.)

SCÈNE IV.

VÉRONIQUE, AMÉLIE.

VÉRONIQUE.

Eh bien, doutez-vous encore, mademoiselle ?
le contrat ce soir, ce soir même... Je suis contente, très-contente de M. Fraboulet.

AMÉLIE.

Et moi donc !

VÉRONIQUE.

Il a du bon malgré sa prétention continuelle
de surprendre son monde, et puis aussi, malgré
la passion subite qui lui a pris pour le théâtre...
à cinquante-cinq ans, retiré du commerce, ren-
tier et propriétaire, ne va-t-il pas s'aviser de
vouloir jouer la comédie ?

AMÉLIE.

Qu'importe? il ne la joue que chez lui, et
cette manie-là ne fait de mal à personne... tu
sais bien d'ailleurs qui la lui a donnée, mon
cousin, ce pauvre Victor ! depuis qu'il est sorti
du collége, mon père ne voit plus que par ses
yeux.

VÉRONIQUE.

C'est vrai ! drôle de jeune homme que ce
M. Victor ! Un artiste, c'est tout dire !

AMÉLIE.

Oui, un artiste, un comédien...quoi qu'on fasse,
il ne voudra jamais être autre chose. Tout l'ar-

gent que mon père lui donne pour ses menus
plaisirs, à quoi le dépense-t-il? à jouer la comédie en société, rue Chantereine, ou bien au
théâtre Chaptal.

VÉRONIQUE.

Ou bien encore, chez MM. Seveste, au théâtre
es Martyrs.

AMÉLIE.

Et tous les jours, on le rencontre dans les rues,
dans les promenades, chargé de brochures et ré-
pétant des rôles, Œdipe, Hamlet, Othello,
Manlius.

VÉRONIQUE.

Richard d'Arlington, Antony, Buridan, et
cœtera.

AMÉLIE.

Et mon père qui le blâmait autrefois, partage
aujourd'hui sa folie... surtout depuis qu'ils ont
été ensemble aux dernières représentations de
mademoiselle Rachel. Il s'est fait à son âge élève
de déclamation.

VÉRONIQUE.

A telles enseignes qu'il a pris M. Saint-Aulaire
pour professeur.

AMÉLIE.

Et qu'il étudie avec lui les rôles de Mithridate
et du vieil Horace.

VÉRONIQUE.

Ah! mais j'y songe, mademoiselle, à propos
de rôles et de pièces de théâtre...

AMÉLIE.

Eh bien...

VÉRONIQUE.

Cette lettre que M. Frédéric vous avait écrite
avant son entrevue avec votre père, et que nous
lisions ensemble ce matin lorsque votre cousin est
entré....

AMÉLIE.

En effet, je me rappelle : dans le trouble où
nous étions l'une et l'autre, nous avons caché ce
billet dans une de ces brochures... Laquelle?

VÉRONIQUE.

Oui, laquelle? Cherchons....Il y en a tant !

AMÉLIE.

Je crois que c'est par ici.

VÉRONIQUE.

Non, par-là.

(Elles cherchent à droite et à gauche, et visitent
toutes les brochures qui se trouvent sur les meubles. On entend Victor déclamer dans la coulisse.)

« Oui puisque je retrouve un ami si fidèle,
» Ma fortune va prendre une face nouvelle. »

AMÉLIE.

O ciel! encore mon cousin!

VÉRONIQUE.

Soyez tranquille... je trouverai un instant pour
reprendre ce billet.

SCÈNE V.

LES MÊMES, VICTOR, FRÉDÉRIC.

VICTOR, entrant le premier.

Eh bien, entre donc, mon ami.

(Entrée de Frédéric.)

LES DEUX FEMMES.

M. Frédéric.

VICTOR.

Lui-même, ma jolie petite cousine... (Il va lui
baiser la main, puis se retournant du côté de Frédéric.)

» Que j'éprouve de joie, et que cette embrassade
» A réchauffé le cœur de ton bon camarade! »

FRÉDÉRIC.

Je vois, mon cher Victor, que tu es toujours
le même.

VICTOR.

Toujours.

FRÉDÉRIC.

Je viens de quitter à l'instant monsieur votre
père, et je m'estime heureux d'avoir rencontré
Victor, puisqu'avec lui je devais vous revoir,
mademoiselle.

VICTOR.

Ah! oui; je ne sais pas au juste ce qu'il m'a
raconté d'un entretien qu'il vient d'avoir avec
mon oncle, du bal de ce soir... Je n'ai rien
compris, parce que vois-tu, ma chère Amélie,
j'avais dans la tête quelque chose qui m'occu-
pait.

AMÉLIE.

Sans doute quelque rôle de comédie.

VICTOR.

Précisément, figure-toi que j'étais sorti ce matin les poches pleines de brochures, comme tu
vois... car je ne sors jamais sans cela... je tra-
versais la place de la Bourse, j'avais à la main
Iphigénie, et je récitais presque tout haut le
rôle d'Achille sans faire attention à tout ce
monde qui allait et venait... J'en étais au qua-
trième acte, tu sais bien, Frédéric :
» Un bruit assez étrange est venu jusqu'à moi,
» Seigneur, je l'ai jugé...

FRÉDÉRIC.

Oui, oui, mon ami, mais abrége un peu ton
récit, tu en aurais jusqu'à demain.

VICTOR.

C'est juste : dans le feu de la déclamation, en
allongeant le bras pour terminer ma tirade...
je tombe sur un passant... c'était lui... Frédéric,
mon ancien camarade de collège, le meilleur de
mes amis... je le reconnais au moment où je
mettais la main à mon chapeau pour lui dire :

monsieur, je vous demande bien pardon... alors, je remets Iphigénie dans ma poche, je prends Frédéric sous mon bras, et nous nous occupons en chemin, lui à me faire sur sa conversation avec mon oncle des détails très-intéressans, sans doute, mais par malheur perdus, et moi à répéter entre mes dents la fin du rôle que notre rencontre imprévue ne m'avait pas permis d'achever.

AMÉLIE.

Tu m'avoueras, Victor, que la politesse te faisait au moins un devoir...

VICTOR.

Ah! bah! la politesse! entre amis! demande-lui s'il m'en a voulu un seul instant... D'abord c'est plus fort que moi, ma chère amie, quand je suis en verve...

FRÉDÉRIC.

Il a raison, mademoiselle, je le connais, je suis habitué à son caractère, et depuis long-temps avec moi il n'a pas besoin d'excuses. Mais pour le moment, Victor, tu laisseras la déclamation... Il est indispensable que tu saches ainsi que mademoiselle...

VICTOR.

Ah! tu as quelque chose de sérieux à nous dire... voyons, parle, mon ami, parle bien vite... nous t'écoutons. De quoi s'agit-il? (Il écoute un instant, et bientôt se détourne pour aller prendre une brochure qu'il aperçoit sur un guéridon.)

FRÉDÉRIC.

Ce matin, mon ami, j'ai rendu visite à ton oncle.

VICTOR, d'un air distrait.

Oui, je le sais, après.

FRÉDÉRIC, regardant Amélie.

Des personnes qui veulent bien s'intéresser à moi m'avaient engagé à lui ouvrir mon âme, à lui demander...

VICTOR, feuilletant machinalement la brochure.

Va toujours... (Déclamant à demi-voix.) « Oh! ce sont de grandes dames... » (Se retournant vers Frédéric.) Continue, continue.

VÉRONIQUE.

Parlez pour nous, monsieur. Le voilà rentré dans son accès... il n'entend plus rien.

FRÉDÉRIC.

Je l'ai vu, et je lui ai dit, mademoiselle, tout ce que vous m'aviez autorisé à lui dire; je lui ai fait l'aveu de mon amour; de cet amour que vous partagez enfin... Eh! pourquoi vous en défendre! ne m'avez-vous pas permis de le dire à votre père.

VICTOR, toujours occupé de sa brochure.

Va toujours, va toujours...

FRÉDÉRIC.

Et si vous saviez, mademoiselle, quel a été le résultat de cette entrevue, si vous saviez que

M. Fraboulet avant de me voir avait déjà ses projets sur vous, sur votre avenir, si vous saviez que ce soir à ce bal...

VICTOR, jouant toujours un rôle, et saisissant avec rage une chaise qui se trouve auprès de lui.

« Assassin, tu ne m'échapperas pas. »
(Les autres personnages se retournent avec colère.)

FRÉDÉRIC.

Oh! cette fois, mon ami, tu conviendras...

VICTOR.

Va toujours, ne fais pas attention à moi..... continue!...

AMÉLIE.

Oh! c'est inutile, monsieur Frédéric... je sais tout... oui, grâce au hasard, et je l'avoue, grâce à un petit accès de curiosité de Véronique, je sais tout, et je n'ai qu'un mot à vous répondre : je suis heureuse, bien heureuse d'obéir à mon père.

FRÉDÉRIC, à part.

Bien heureuse! que dit-elle?.

VICTOR.

Oui, au fait.... qu'est-ce qu'elle dit?... Parle-donc, ma petite cousine.

FRÉDÉRIC, bas à Amélie.

AIR de Doche. (Les deux maîtresses.)
Veuillez m'entendre.
Et me comprendre.

AMÉLIE.

Non, maintenant, je ne le puis, hélas!
De vous entendre,
De vous comprendre
Victor, je crois, ne me permettrait pas.

VICTOR.

Chère Amélie, eh bien, de l'épigramme!

VÉRONIQUE.

Elle a raison, monsieur, c'est une horreur,
Nous interrompre ainsi!... L'amour du drame,
Songez-y bien, vous portera malheur.

Ensemble.

VICTOR.

On peut s'entendre,
Et se comprendre...
Qu'avez-vous donc? je répétais tout bas.
De vous entendre,
De vous comprendre,
Cela, je crois, ne vous empêche pas.

LES TROIS AUTRES.

A nous entendre,
A nous comprendre,
Oui, nous avons bien de la peine, hélas!
De nous entendre,

De nous comprendre,
Monsieur, je crois, ne nous permettrait pas.
(Sortie de Véronique et Amélie.)

SCÈNE VI.

VICTOR. FRÉDÉRIC, Victor est demeuré sur le
seuil de la porte du fond, Frédéric est plus près
du public.

VICTOR.

Ah çà, qu'ont-elles donc toutes les deux?

FRÉDÉRIC, à part, en regardant Victor.

Décidément, grâce à lui il nous est encore une
fois impossible de nous entendre.

VICTOR, redescendant auprès de Frédéric.

Eh bien, Frédéric, est-ce que tu m'en veux
aussi, toi? tu sais bien, mon ami, que ce n'est pas
ma faute.

FRÉDÉRIC.

Ah! parbleu! s'il fallait se fâcher avec toi
toutes les fois que ces choses là t'arrivent...

VICTOR.

A la bonne heure! touche-là!

FRÉDÉRIC.

Mais enfin, il faut que tu sois furieusement
endiablé de la déclamation...

VICTOR.

Peux-tu me le demander? toi qui me connais
depuis mon enfance, toi qui as vu cette passion
se former et s'accroître de jour en jour! tu ne
te souviens donc plus qu'au collège, je vous
étourdissais déjà des vers que je récitais conti-
nuellement? tu ne te souviens pas que vous m'ap-
peliez en riant, l'artiste, et que moi, je m'en
glorifiais? Que de fois, pendant l'absence du
maître d'étude, ne suis-je pas grimpé dans sa
chaire pour déclamer avec emphase au milieu
de vos applaudissemens;

Fuyez donc, retournez dans votre Thessalie,
Moi-même je vous rends le serment qui vous lie...

Et cætera... Lorsqu'un jour il me surprend dans
un de ces beaux momens tragiques, et, sans plus
de respect pour la dignité du roi des rois, me
fait mettre à genoux, me condamne au pain sec...
que dis-je? il confisque mes rôles... il déchire
sous mes yeux Achille, Oreste, Hamlet... Pour
le coup, je n'y puis plus tenir; je me lève exaspéré, et m'adressant à tous mes camarades: Mes
amis, m'écrié-je, vous êtes témoin de mes af-
fronts... Eh bien, partagez tous ma fureur.
Guerre aux pédans! (Déclamant.)

Puissé-je, de mes yeux y voir tomber la foudre,
Voir cette chaire en cendre et tous ces bancs en
poudre,
Voir le dernier pédant à son dernier soupir,

Moi seul en être cause, et mourir de plaisir!
(Reprenant sa voix ordinaire.)

Absolument comme mademoiselle Rachel.

FRÉDÉRIC.

Oui, je me souviens de toutes les extrava-
gances que je t'ai vu faire au collège... mais
depuis deux ans, n'as-tu pas eu le temps de réfléchir et de te corriger? Décidément, est-ce
que tu serais assez fou...?

VICTOR.

Que veux-tu, mon ami? je ne puis résister à
cet ascendant qui me domine... Artiste! artiste
avant tout! il faut que je le sois... oui, je ris
du préjugé, je brave tous les obstacles, j'affronte
tous les malheurs... en un mot, je me suis fait
entendre par le comité du théâtre Français, et
j'attends mon ordre de début.

FRÉDÉRIC.

Un début aux Français! mon pauvre ami, tu
perds la tête.

VICTOR.

Pourquoi?

FRÉDÉRIC.

Songe donc à quel danger tu t'exposes.

VICTOR.

Comment?

FRÉDÉRIC.

Ta jeunesse...

VICTOR.

« Je suis jeune, il est vrai; mais aux âmes bien
nées
« Le talent n'attend pas le nombre des années.

FRÉDÉRIC.

Mon cher, le public est difficile.

VICTOR.

Je le sais; mais il est si bon enfant, le public!

FRÉDÉRIC.

Cependant si l'on te siffle?

VICTOR.

Hein? qu'est ce que tu dis? cela ne se peut
pas. On ne siffle plus maintenant... le public est
de trop bonne compagnie pour cela.

FRÉDÉRIC.

Mais enfin, je suppose qu'on te siffle?

VICTOR.

Alors...

FRÉDÉRIC.

Alors tu quitterais le théâtre?

VICTOR.

Du tout... j'y resterais, et je travaillerais....
Un artiste doit mettre à profit même les revers
qu'il éprouve, et ne jamais perdre courage; du
zèle, de la persévérance; quelques visites aux
journalistes, quelques amis, que dis-je, beaucoup d'amis au parterre... et je suis sûr de réussir.

FRÉDÉRIC.

Allons, je le souhaite ; mais adieu... depuis ce matin, je n'ai pas encore paru à l'étude, et je dois...

VICTOR.

Attends un peu... je cherche à me rappeler un morceau que je disais l'autre jour en société, et qui te prouverait bien...

FRÉDÉRIC.

Non, non, grand merci, je te crois (il sort).

VICTOR (à la porte et le suivant des yeux).

Frédéric ! tu ne veux pas m'entendre ? il n'y a que cent cinquante vers de suite.

SCÈNE VII.

VICTOR, seul.

Pauvre garçon ! toujours à me contredire, à me faire de la morale ! absolument comme au collège... ! aussi, malgré notre vieille amitié, je ne lui dis pas tout ce que j'ai dans l'âme ; je ne lui parle que d'une seule de mes idées, la comédie... mais l'autre ! l'autre... je la garde là ; je la cache avec soin à tout le monde... à elle-même... oui, ma belle cousine ! tu ne sais pas, tu ne sauras peut-être jamais à quel point je t'aime... Quel malheur qu'elle veuille toujours comme Frédéric combattre mes inclinations, et m'éloigner de la seule profession qui me convienne... Oh ! mais ce sacrifice-là est au-dessus de mes forces, et j'ai tenu bon jusqu'à ce jour contre ses conseils, ses prières, sa menace de me haïr, de ne plus me voir si j'étais comédien, et je lui ai répondu comme à Frédéric, comme à tout le monde : je le serai ! c'est une vocation irrésistible, c'est du délire peut-être, c'est le malheur de toute ma vie ; mais je le serai. Eh ! mais, je suis seul, si je m'essayais un peu dans tous les genres...d'abord, l'amoureux... bien chaud, bien dramatique... quel rôle choisirai-je ? (fouillant dans ses poches, et en tirant successivement plusieurs brochures) les Templiers ce n'est pas ça, les Vêpres Siciliennes, Marie-Stuart, Henri III, ce n'est pas ça non plus... Marino... Ah ! enfin, m'y voilà (déclamant).

» Héléna, chère Héléna...

(s'arrêtant, et parlant simplement).

Je n'aurai pas de peine à me monter la tête... Suivant mon habitude, je me figurerai que je parle à ma cousine...» Héléna !...

» Ce n'est pas mon amour, n'en prenez point d'ombrage

[brage
» Restez... ce n'est pas lui qui dompta mon courage.
» C'est ce dégoût d'un sol que voudraient fuir nos pas,
» C'est ce vague besoin des lieux où l'on n'est pas,
» Ce souvenir qui tue... Oui, cette fièvre lente

» Qui fait rêver le sol de la patrie absente,
» C'est ce mal du pays que rien ne peut guérir,
» Dont tous les jours on meurt sans jamais en mourir.
» Je disais tourmenté d'une pensée unique :
» Soufflez encore pour moi, vents de l'Adriatique !
» J'ai cédé, j'ai senti frémir dans mes cheveux
» Leur brise qu'à ces mers redemandaient mes

[vœux,
» Dieu ! quel air frais et pur inondait ma poitrine !
» Je riais, je pleurais, je voyais Palestrine,
» Saint-Marc que j'appelais, s'approcher à ma voix,
» Et tous mes sens émus s'enivraient à la fois
» De la splendeur du jour, des murmures de l'onde,
» Des trésors étalés dans ce bazar du monde,
» Des jeux, des bruits du port, des chants du gon-

[dolier...
» Ah ! des fers dans ces murs qu'on ne peut oublier,
» Un cachot, si l'on veut, sous leurs plombs redou-

[tables,
» Plutôt qu'un trône ailleurs, un tombeau dans nos

[sables,
» Un tombeau qui parfois, témoin de vos douleurs,
» Soit foulé par vos pieds et baigné de vos pleurs.»
(Reprenant vivement le ton naturel à la fin de sa tirade).

Non ce n'est pas cela, je ne suis pas content de moi... J'aimerais mieux... oui, un peu d'ancien répertoire... car enfin si j'arrive au théâtre Français, il faudra jouer de l'ancien répertoire, il faudra jouer Séïde, Égisthe, Britannicus, Oreste... (en disant ces mots, il a tiré de ses poches de nouvelles masses de brochures. Il répète avec enthousiasme) Oreste...! (apercevant un schall sur un canapé). Ah ! Quelle idée ! ce schall que ma cousine a oublié peut me servir à merveille (il se drape avec le schall devant une psyché). Comment donc ! mais je ne suis pas mal du tout comme cela... Mettons-nous en scène... mais il me faut un interlocuteur, un Pyrrhus, où trouverai je cela ? Eh ! parbleu ! j'ai mon affaire... Ce fauteuil... Voilà Pyrrhus; voilà le fils d'Achille (il fait une entrée tragique, et récite les vers suivans, le schall sur l'épaule, et s'adressant au fauteuil).
» Avant que tous les Grecs vous parlent par ma voix,
» Souffrez que j'ose ici me flatter de leur choix,
» Et qu'à vos yeux, seigneur...»

SCÈNE VIII.

VICTOR, VÉRONIQUE.

(Véronique est entrée pendant la fin de la scène; elle écoute un instant, puis éclate de rire).

VICTOR.

Hein ! qu'est-ce que c'est ?

VÉRONIQUE.

Je vous fais mon compliment, monsieur, vous m'avez joliment fait rire.

VICTOR.

Dans un rôle tragique! merci, Véronique,
vous me faites de la peine. Qu'est-ce que tu veux!
qu'est-ce qui t'amène? (il se débarrasse du schall).

VÉRONIQUE.

Tenez monsieur, une lettre pour vous.

VICTOR.

Une lettre!... Ah! donne... c'est peut-être...
Théâtre Français... précisément, mon ordre de
début! on me l'accorde... je débute aux Fran-
-çais... Ah! je suis trop heureux! (il saute de joie.)
Véronique, que je t'embrasse...

VÉRONIQUE.

Est-ce qu'il perd la tête?

VICTOR, fouillant dans ses poches, et en tirant plusieurs brochures.)

Tiens! prends cette brochure! non, celle-ci
plutôt... non, cette autre... tu vas me donner la
réplique.

VÉRONIQUE.

La réplique... qu'est-ce que c'est que ça?

VICTOR.

Sais-tu lire?

VÉRONIQUE.

Moi, monsieur! couramment.

VICTOR.

Connais tu Roméo et Juliette?

VÉRONIQUE.

Roméo et Juliette? si je les connais.. ? pas du
tout. Ah! une tragédie peut être.

VICTOR.

Précisément. Je vais te mettre au courant de
la pièce, Roméo est fils d'un Montaigu; Juliette
est fille d'un Capulet. Juliette et Roméo s'ado-
rent; mais le père Montaigu et le père Capulet,
ont une vieille dent l'un contre l'autre et ne peuvent se souffrir, de sorte que le mariage est impossible.

VÉRONIQUE.

Je comprends.

VICTOR.

Alors, Roméo veut en finir, il entre chez un
pharmacien à qui il achète une fiole renfermant
une très-forte dose d'opium, et puis...

VÉRONIQUE.

Ah! mon Dieu! et puis...

VICTOR.

Et puis... il se ravise, et part pour l'armée;
deux ans, trois ans se passent. Il revient vic-
torieux, couvert de lauriers, mais Juliette...

VÉRONIQUE.

Je comprends : elle l'a oublié. Trois ans! c'est
si long!.

VICTOR.

Du tout, elle l'aime plus que jamais, mais elle
est forcée par le père Capulet d'en épouser un
autre, et après la bénédiction nuptiale, après le
repas des noces... le soir...

VÉRONIQUE.

Je comprends, elle finit par prendre son parti,
et puisqu'elle est la femme d'un autre...

VICTOR.

Du tout, elle n'est la femme de personne, elle
est morte... ou du moins tout le monde le croit,
on la descend dans le caveau funéraire des Capulet... c'est là que Roméo la retrouve, il ne veut
pas lui survivre, et alors...

VÉRONIQUE.

Alors?

VICTOR.

Il avale la fiole qu'il a achetée chez l'apothi-
caire.

VÉRONIQUE, riant.

Ah! mon Dieu!... ça doit être bien drôle.

VICTOR.

Tiens, mets-toi là, tu vas faire Juliette, suis-
moi bien, au bas de la page.

VÉRONIQUE.

Bien monsieur.

VICTOR, à part.

Ah! c'est ma cousine qui ferait une belle Juliette.

VÉRONIQUE.

Plaît-il, monsieur?

VICTOR.

Rien, ça ne te regarde pas... (à lui même.) Elle
est si jolie!

VÉRONIQUE.

Merci; monsieur, vous êtes bien bon!

VICTOR.

Est-ce que je songe à toi?

VÉRONIQUE.

A qui donc?

VICTOR.

A ma c... (se reprenant) à Juliette.

VÉRONIQUE.

Ah! c'est juste. Mais, comme c'est moi qui suis
Juliette... je vous remercie toujours, monsieur.

VICTOR.

Il n'y a pas de quoi. Tais-toi donc! ceci est
un immense caveau, nous avons des tombes de
tous les côtés... par ici, par là... à droite, à gauche... et voici la tienne.

VÉRONIQUE.

Ce canapé?

VICTOR.

Je commence.

VÉRONIQUE.

Et moi je ne dis plus rien... je suis morte.

VICTOR, lui jetant le schall sur la tête.

Et voici ton linceul.

(Il frappe les trois coups, puis entre dans une coulisse, et reparaît en faisant une entrée tragique.)

» Non, de rester ici je n'ai pas le courage !
» Mânes des Capulets que mon aspect outrage,
» Pour rendre la vengeance à vos bras irrités,
» Vos sépulcres ouverts vous ont-ils rejetés ?
» Ah ! pardonne, Thibald, que ton âme inquiète,
» Accueille mes remords et mes pleurs...
(S'arrêtant, et reprenant le ton naturel pour parler
    à Véronique qui a doucement retiré le schall de
    dessus sa tête.)
Qu'est-ce que tu fais là ?

VÉRONIQUE.

Dites donc, monsieur, qu'est-ce que c'est que
monsieur, Thibald ?

VICTOR.

Ton frère que j'ai tué en duel au troisième
acte... il est enfermé dans ce tombeau à deux
pas du tien... es-tu contente ?

VÉRONIQUE.

Oui, monsieur... vous ne m'aviez pas parlé
d'un frère... sans ça...

VICTOR.

Tais-toi.
(Elle se blottit de nouveau sous le schall ; il re-
    prend son rôle.)
» Ah ! pardonne, Thibald, que ton âme inquiète
» Accueille mes remords et mes pleurs...
            (Soulevant le schall.)
                        Juliette !...
» Viens, Juliette, viens, je t'attends, je suis là !
» Ne me laisse pas seul ! c'est toi, Juliette... Ah !

VÉRONIQUE.

Pauvre jeune homme !

VICTOR.

» C'est elle... je l'ai vue... il faut que je la voie...
(Parlant.) Ici Roméo regarde encore sa Juliette
avec désespoir, il pleure, il s'arrache les cheveux, il se déchire la poitrine... et puis il prend
la fiole en s'écriant :
» Merci, mon Dieu ! la mort ! c'est la mort ! quelle
                        [joie !
(Parlant.) Il a avalé l'opium.

VÉRONIQUE.

Oh ! ça fait frémir !

VICTOR.

Va donc, va donc, suis sur la brochure....
c'est à toi tout-à-l'heure. (Déclamant.)
» O ciel ! est-ce déjà la mort ou le poison ?
» Ou bien est-ce l'enfer qui trouble ma raison ?
» J'ai senti tressaillir cette main...
(Parlant.) Donne-moi donc ta main, ma fille. (Re-
prenant le vers.)
                        » Dans la mienne.
» Sur le bord du cercueil que ta foi me soutienne,
» O mon Dieu !

VÉRONIQUE, se levant à moitié, et lisant grotesque-
        ment sur la brochure.

« Roméo !

VICTOR.

            « Quels accens !

VÉRONIQUE.

» Roméo !

VICTOR.

» Reste encore, douce erreur de mes sens !
» Juliette, c'est toi !
(Il lui fait quitter le canapé en l'attirant vers lui.)
                        » Regarde je t'en prie,
» Regarde, parle-moi, que je croie à ta vie,
» Si tu pouvais savoir à quel point j'ai souffert,
» Quand ce tombeau fatal à mes yeux s'est offert !
» Et dans mon désespoir... ô souvenir ! ô rage !
» C'est l'enfer ! c'est la mort ! Ah ! qu'il faut de
                        [courage !
» Juliette ! mon Dieu ! mon Dieu ! c'est trop souf-
                        [frir !..
» Juliette !.. elle existe ! et moi je vais mourir !
» Mourir !... va-t'en.
(Véronique s'éloigne. Victor l'arrête en reprenant
        le ton naturel.)
                        Non, ne t'en va pas.
                    (Il termine le vers.)
» Va-t'en, je te hais... non, je t'aime,
» Va-t'en !
            (Véronique se sauve au fond du théâtre.)

VICTOR, courant après elle.

Mais reste donc !

VÉRONIQUE.

Vous me dites de m'en aller.

VICTOR.

Ça ne fait rien, tu dois rester... C'est comme
dans les opéras où ils sont vingt minutes à chanter : « partons ! partons ! dépêchons nous...» et ils
ne bougent pas pour ça. (Reprenant son rôle.)

VÉRONIQUE.

Je ne bouge pas.

VICTOR, terminant la scène de tragédie.

» Ah ! le poison... me dévore... Anathème !
» Toi, reste, sur ma tombe il faut implorer Dieu.
» Mais je ne te vois plus... ah ! Juliette ! adieu ! »
(Il tombe renversé la face contre terre. A ce moment entrent Amélie et Fraboulet chargé de comestibles ; Fraboulet fait signe à Véronique et à
sa fille de se taire ; tous les trois sont au fond du
théâtre, Victor seul sur le devant de la scène.)

SCÈNE IX.

LES MÊMES, AMÉLIE, FRABOULET.

FRABOULET, applaudissant.

Bravo ! Bravissimo, Victor, je suis fier de toi..
Véronique, allez porter ça à la cuisine.
            (Véronique prend les comestibles.)

Mon neveu, viens sur le cœur de ton oncle,
viens sur le cœur de ton beau-père, mon gendre. ;

TOUS LES PERSONNAGES.

Son gendre !

(Véronique de stupéfaction laisse tomber par terre
les comestibles.)

FRABOULET.

Eh bien, oui... puisque le mot en est lâché,
voilà ma surprise, voilà pourquoi je donne une
fête aujourd'hui.

VICTOR, avec joie.

Est-il possible ?

AMÉLIE, à part.

O mon Dieu ! je suis toute tremblante. Sa
femme.

VÉRONIQUE, bas.

Mademoiselle, je ne crois pas à ce mariage
là.

VICTOR.

Mon oncle, mon bon oncle, vous avez deviné
le plus cher de mes vœux.

FRABOULET.

N'est-ce pas ? j'en étais sûr !... (Déclamant.)
» Ma fille, mes enfans, que ce jour m'est prospère
» Sur mon sein réunis embrassez votre père !...
(Parlant.) O Saint-Aulaire ! ô mon maître ! si
tu m'entendais, tu serais content de moi...

FRABOULET.

AIR : *Merveilleuse par sa vertu.*

Mais je descends de ma grandeur,

Et je laisse la tragédie

Je suis, lorsque je vous marie,

Tout au plaisir , tout au bonheur.

Ici bornant son empire ;

Aujourd'hui le roi des rois

Va chanter, danser et rire

Tout comme un simple bourgeois

Seulement , promets-moi cela ,

Reprends l'étude avec courage ;

Le lendemain du mariage

Le parterre t'applaudira.

Oui , mon gendre, je m'en flatte,

Mais parfois reviens surtout

M'entendre dans Mithridate...

Afin de former ton goût.

Tu dois réussir aux Français ,

Et , pour l'honneur de la famille ,

Apporter en dot à ma fille

Et des lauriers et des succès.

Ah! pour moi quelle espérance !

Ah ! Quel triomphe immortel !

Je crois t'entendre d'avance

Applaudi près de Rachel...

(Parlant.) Du courage, Victor , du courage !
(Déclamant.)

» A vaincre sans péril on triomphe sans gloire. »

(Parlant :) ô Saint-Aulaire ! (reprenant l'air.)
Mais je descends de ma grandeur, etc.

Ensemble.

VICTOR.

Descendez de votre grandeur ,

Et laissez là la tragédie ,

Soyez, lorsque l'on nous marie,

Tout au plaisir, tout au bonheur.

AMÉLIE.

Descendez de votre grandeur,

Mon père , écoutez, je vous prie,

C'est bien loin de la comédie

Que je trouverai le bonheur.

VÉRONIQUE.

Pauvre homme ! Quelle est son erreur !

Vraiment je ris de sa folie

En ne rêvant que tragédie ,

De sa fille il fait le malheur !

(Sortie de Fraboulet et de Véronique.)

SCÈNE X.

VICTOR , AMÉLIE.

AMÉLIE , à part.

O mon Dieu ! comment lui dire ?.. S par bonheur il pouvait ne pas tenir à ce mariage !...

VICTOR, sur le seuil de la porte du fond et parlant à
son oncle qui vient de sortir.

Oui, mon oncle, oui, mon cher oncle.... je
réussirai... soyez tranquille... je suis si heureux !
Amélie , mais regarde-moi donc... dois-je croire
que tu éprouves un peu de mon bonheur ?

AMÉLIE , à part.

Allons, il va trop m'aimer à présent !

VICTOR.

Comment tu ne me réponds rien !

AMÉLIE.

Et que veux-tu que je te réponde ? l'étonne-
ment , l'émotion... J'étais si loin de m'attendre...

VICTOR.

Et cependant, cousine, ne sais-tu pas que
depuis long-temps je t'aime ?

AMÉLIE.

Tu m'aimes comme un frère...

VICTOR.

Oh ! non pas,... mille fois mieux... ou plutôt

j'éprouve à la fois pour toi, mon Amélie, toute la tendresse, tout le dévouement d'un frère, et toute la passion d'un amant... et je puis le dire maintenant que tu dois être ma femme. Ma première pensée, c'est toi ; tu es de moitié dans toutes mes distractions comme dans tous mes rêves d'avenir. Quelquefois, quand on me surprend à parler tout seul, et à marcher avec agitation, on croit que je ne songe, que je ne puis songer qu'à un rôle... Eh bien ! non, c'est ma cousine, ma cousine seule qui m'occupe ; en scène même, si je joue un personnage éperdument amoureux, comme *Antony*, par exemple, du diable, si je fais attention à l'actrice qui est auprès de moi... non, cette femme, je ne la vois pas ; je ne sais pas si elle a les cheveux noirs ou blonds, les yeux bleus ou gris... mais quand je lui dis : je t'aime ! ce mot-là c'est à toi, à toi seule que je l'adresse, tu es mon seul rêve de bonheur ; partout et sans cesse, je ne vois que toi, je ne songe qu'à toi...

AMÉLIE.

À moi... et à la comédie ! et à tes rôles ! et tes débuts aux Français.

VICTOR.

Mes débuts !... Eh bien, oui, cousine !... je serais fier d'enlever les suffrages du public, parce que tu serais là, n'est-ce pas ? pour me voir et m'entendre applaudir !

AMÉLIE.

Oh ! non, non, je ne serais pas fière, moi, des applaudissemens que vous recevriez sur un théâtre.

VICTOR.

Comment ?

AMÉLIE.

La vanité, la gloire, tout cela n'est rien pour moi, monsieur... j'ai des goûts plus simples et plus bourgeois. Il me faut un bonheur tranquille. Un artiste aime trop les bravos pour aimer sa femme.

VICTOR.

Mais dans mon cœur tu passerais toujours avant tout le reste, avant la vanité, avant les succès, avant la gloire.

AMÉLIE.

Et moi, je vous dis, monsieur, que je ne veux pas d'un mari qui soit comédien.

VICTOR.

Mais ton père qui exige que je le sois, et que j'aie un succès pour m'accorder ta main.

AMÉLIE.

Mon père... mon père m'aime trop sans doute pour vouloir contraindre ma volonté... et je ne suppose pas que ses projets s'accomplissent...... car je vous le répète, je vous demanderais le sacrifice de tous vos penchans, de ce que vous appelez votre vocation, je vous demanderais de renoncer pour jamais au théâtre.

VICTOR.

Pour jamais !

AMÉLIE.

Oui, et de ne plus même y penser ; je vous demanderais d'éloigner de vous, d'anéantir toutes ces brochures au milieu desquelles vous vivez, toute cette masse de rôles que vous avez copiés, et que vous répétez sans cesse.

VICTOR.

Mais cela est impossible, Amélie...

AMÉLIE.

Impossible ! tu vois bien, Victor, que les projets de mon père ne peuvent s'accomplir, que ce mariage ne doit pas avoir lieu.

VICTOR.

Eh bien ! Amélie... tout ce que tu voudras, je le ferai ; pour te plaire, je triompherai de moi-même... j'abjurerai toutes mes espérances, tous mes rêves de gloire et de succès... Je ferai un sacrifice absolu, un autodafé général de mes rôles et de mes brochures... car je le sens, ce qu'il y aurait pour moi de plus malheureux au monde, ce serait de renoncer à toi.

AMÉLIE, à part, avec un soupir.

Ah ! je n'ai plus rien à lui dire, et il faut bien que j'obéisse à mon père.

Ensemble.

AIR : *Non je ne valse pas.*

AMÉLIE.

Hélas ! il me promet
D'oublier le théâtre,
Et son cœur idolâtre
Peut y renoncer sans regret !
Quoi ! les bravos et les succès
Ont pour lui moins d'attraits
Qu'un regard d'Amélie !...
C'est pour moi qu'il oublie
Tous ses rêves, tous ses projets...
C'est pour moi, quels regrets !
Lorsque ma voix l'ordonne,
Pour moi qu'il abandonne
L'espoir de ses succès.

VICTOR.

Oui, je te le promets
J'oublierai le théâtre,
J'en étais idolâtre,
Mais j'y renonce pour jamais ;
Oui les bravos, oui les succès
Ont cent fois moins d'attraits
Qu'un regard d'Amélie ;
Pour toi seule j'oublie

Tous mes rêves, tous mes projets
Quels tourmens, quels regrets !
Quand ta voix me l'ordonne ,
Il le faut, j'abandohne
L'espoir de mes succès.

                   (Sortie d'Amélie.)

SCÈNE XI.

VICTOR.

Allons, j'ai promis, et un honnête homme n'a que sa parole... commençons l'autodafé... et au diable la comédie ! Il le faut bien... ce qu'une femme veut... Enfin c'est égal... si l'on me surprenait... on rirait bien de ma faiblesse... mon oncle surtout... (*Regardant autour de lui :*) personne ! Allons courage ! (*Pendant les lignes précédentes il a pris de tous côtés , dans les meubles , sur le canapé , sur la cheminée des rôles copiés et des brochures. Il s'approche de la cheminée dont le feu est allumé, et jette au feu chaque pièce à mesure qu'il la nomme.*) Le Manoir de Mont-Louviers, [Caravage, au feu ! Lazare le Pâtre , les sept Infans de Lara , en voilà du gigantesque, vingt-trois méurtres en quatre heures de temps , et l'auteur vit encore !... La branche de Chêne, comme ça doit brûler ! au feu ! au feu !

      AIR : *Pan ! pan ! c'est la fortune.*

Au feu ! quel incendie !

Au feu, riche Sonneur,

     Va tenir compagnie

     A ce pauvre Facteur...

Au feu, l'Ouvrier, le Proscrit !

Gaspardo ! le Fils de la folle !

Abeylard, Rita l'Espagnole,

Bien vite au feu, Ralph le bandit !

     Au feu tout mélodrame !

     Oui , je vous dis adieu...

     Personne ne réclame,

     Quand on vous jette au feu.

O ciel ! Hernani ! Borgia !

Buridan ! Vous tous que j'admire,

De l'amour je subis l'empire,

Et ma main vous sacrifiera.

     Au feu, terribles drames,

     Oui, je vous dis adieu.

     Vous qui brûliez nos âmes,

     A votre tour au feu.

(*Parlant.*) Andromaque , Cinna ! Tartufe ! le Misanthrope... Vous mes maîtres, qui deviez un jour soutenir ma faiblesse... Corneille ! Racine ! Molière ! (*reprenant l'air.*)

Faut-il aussi vous dire adieu ?

Vous qui répandiez sur la terre,

Tant d'éclat et tant de lumière,

Faut-il donc vous livrer au feu ?

     Pardonne à ma cousine ,

     Divin Molière, adieu !

     Devant toi je m'incline,

     Quand je te jette au feu.

(*Il va pour jeter dans la cheminée les dernières brochures, une lettre tombe de l'une d'elles, Victor s'arrête, et la ramasse.*)

Hein ! plaît-il ? qu'est-ce que c'est ? une lettre !... de Frédéric ! Pour qui donc ? pour moi, sans doute , puisque ce billet, je le trouve dans une de mes brochures... (*lisant*) « Amélie ! chère » Amélie » !... (*s'arrêtant*) à ma cousine ! que signifie ! (*reprenant la lecture :*) « Chère Amélie , » je vous en conjure, parlez à votre père ; appuyez » de tout votre pouvoir auprès de lui la demande » que je vais lui faire pour vous obtenir..... » (*froissant la lettre dans ses mains, et parcourant le théâtre dans la plus grande agitation.*) Ah ! je comprends tout enfin ! Il est aimé ! aimé de ma cousine !... Et moi qui pour elle allais brûler Molière... (*Il soupire , puis s'adressant aux brochures qu'il tient toujours à la main.*) Allons ! vous du moins, vous êtes sauvés de l'autodafé... et moi, moi ! ce qu'Amélie n'ose pas dire à son père, je le lui dirai ; oui , de ce pas , je vais trouver mon oncle , et lui apprendre... Pauvre oncle ! Il ne voudra pas me croire... Non, tu ne le voudras pas, mon bon oncle. Tu me connais, et tu me rends justice... moi, ne pas être aimé... cela te paraîtra invraisemblable , impossible, n'est-ce pas, mon oncle? tu m'admires, tu m'adores, et tu as raison ; tu me reconnais toutes les qualités, toutes les vertus... Si je lui prouvais... ou plutôt, si je lui faisais croire un instant que je suis indigne de son amitié , et qu'avec moi sa fille ne pourrait être heureuse... Oui , c'est cela... un rôle que je vais improviser auprès de toi sans que tu t'en doutes, mon bon oncle... La comédie! il faut bien que j'en revienne là, toujours là..... puisque mon autre idée fixe , mon autre passion vient d'être brisée pour jamais... Allons, allons, du courage ! et soyons artiste du moins, si je ne puis être l'époux d'Amélie.

SCÈNE XII.

VICTOR, VÉRONIQUE.

VÉRONIQUE, accourant.

Monsieur Victor !... monsieur Victor !...

VICTOR, allant familièrement à elle, et lui prenant
la taille :

Ah! c'est toi, ma petite Véronique.

VÉRONIQUE.

Tiens, sa petite Véronique... ce ton!.. oui,
monsieur, c'est moi qui vous cherche partout
de la part de votre oncle... il vous attend.
(Ici un domestique traverse le théâtre, portant
dans le salon voisin des plateaux chargés de
verres de punch.)

VICTOR, prenant un verre.

Qu'il attende, ma belle enfant, qu'il attende !

VÉRONIQUE.

Sa belle enfant !... mais, monsieur, vous ou-
bliez donc qu'il s'agit de votre mariage.

VICTOR, buvant.

Laisse-moi donc tranquille avec mon mariage..
on n'est pas si pressé de faire une folie.

VÉRONIQUE.

Une folie ! la chose la plus respectable...

VICTOR, prenant un autre verre.

Ah ! ah ! ah ! respectable... tu me fais rire!..
à mon âge! se lier pour jamais... Dubois,
laisse-là ce plateau, j'en ai besoin.
(Le domestique laisse le plateau sur le guéridon et
sort.)

VÉRONIQUE.

Il a besoin de douze verres de punch !

VICTOR.

C'est que je suis désolé, désespéré, vois-tu ..
Quand je songe que je vais enchaîner ma liberté,
ma vie joyeuse d'artiste et de comédien... Malgré
moi, je regarde en arrière, je réfléchis. (Il boit
encore.)

VÉRONIQUE.

Ah! vous appelez ça réfléchir.

VICTOR.

Et il me semble que je ferais aussi bien de ne
pas me marier.

VÉRONIQUE.

Dame, ça me fait c't effet là !

VICTOR.

N'est-ce pas, Véronique, n'est-ce pas, ma
belle Juliette..? (Il l'embrasse.)

VÉRONIQUE.

Mais laissez-moi donc, monsieur... Roméo.

SCÈNE XIII.

LES MÊMES, FRABOULET, entrant pendant
que Victor embrasse Véronique.

FRABOULET.

Horreur ! en croirai-je mes yeux !

VICTOR.

Ah! mon oncle ! mon excellent oncle, à votre
santé ! (Il prend deux verres de punch et lui en
met un dans la main.)

FRABOULET.

A ma santé !... mais voilà qui est de la der-
nière inconvenance !... (Il boit et se retourne
avec colère vers sa servante, en lui remettant son
verre.) Sortez, Véronique.

VÉRONIQUE.

Mais, monsieur, je vous assure qu'il n'y a pas
de ma faute, c'est monsieur Victor..

FRABOULET, buvant un second verre de punch que
Victor vient de lui remettre.)

Sortez, péronnelle... sortez. (Victor lui pré-
sente un troisième verre de punch.)

SCÈNE XIV.

FRABOULET, VICTOR.

FRABOULET.

Ah ça, mais monsieur, est-ce que vous croyez
que je vais passer ma vie à boire du punch ?
(Il boit et remettant le verre sur le guéridon, se
retourne avec colère du côté de Victor.) Quand je
suis exaspéré, furieux... quand je viens d'être
témoin de la scène scandaleuse...

VICTOR.

Ah ! parce que j'ai embrassé Véronique ? Est-
ce que vous faites attention à cela... nous autres
artistes...

FRABOULET.

Permettez, permettez...

VICTOR, buvant encore, et présentant toujours un
autre verre à Fraboulet.)

A votre santé, mon oncle.

FRABOULET.

Encore ! je n'ai pas soif.

VICTOR, buvant le dernier verre refusé par son
oncle.

Allons donc ! mon oncle, allons donc ! papa
Fraboulet.

FRABOULET.

Papa Fraboulet !... Qu'est-ce que c'est que
ces manières-là, mon neveu?

VICTOR.

Est-ce que vous n'avez pas été jeune ! est-ce
que de votre temps vous n'aviez pas la réputa-
tion du séducteur le plus dangereux, le plus
entreprenant ?... Vieux Lovelace !

FRABOULET.

Moi, un Lovelace ! Victor vous êtes égaré,
perverti par le punch ! et tous nos convives qui
sont là dans ce salon, et ma fille qui peut vous
entendre... !

VICTOR.

Ah ! dame, écoutez donc, beau-père, vous l'a-
vez voulu, votre fille... votre fille sera la femme
d'un artiste, et il faudra bien qu'elle s'habitue...

FRABOULET.

Qu'elle s'habitue !... à quoi ?... parlez.

VICTOR.

C'est tout simple... papa Fraboulet.

FRABOULET.

Encore !

VICTOR.

Voyez-vous , mon brave homme , pour bien jouer la comédie, il est nécessaire de connaître par nous-mêmes toutes les faiblessses humaines, toutes les passions que nous devons représenter sur le théâtre.

FRABOULET.

Ah ! bah !

VICOR.

Nous les éprouvons toutes l'une après l'autre.. à nous tous les plaisirs , toutes les folies... l'ivresse, le jeu, les femmes...

FRABOULET.

L'ivresse , le jeu, les.... oh ! j'étouffe de colère,..

VICTOR.

Ce qui ne nous empêche pas d'être de très bons garçons, de faire d'excellens maris... parce que , voyez-vous... toutes les distractions que nous prenons hors de notre ménage..... c'est seulement comme objet d'art , comme étude du cœur humain... vous comprenez, c'est là tout le secret du talent, et je vous dirai comme Kean, ce comédien à la fois si célèbre sur les planches et à la taverne : « de l'ordre ! de la raison !

« Eh ! que deviendrait le génie ? »

FRABOULET , au comble de l'exaspération.

Le génie deviendra ce qu'il pourra ; mais si ça continue, je le mettrai à la porte de chez moi, le génie.

SCÈNE XV ET DERNIÈRE.

LES MÊMES, AMÉLIE, puis FRÉDÉRIC et VÉRONIQUE.

AMÉLIE.

Mon père, je venais vous chercher. Tout le monde est réuni et s'étonne de ne pas vous voir... mais qu'avez-vous, que s'est il donc passé ? Victor , que signifie ?...

FRÉDÉRIC , entrant à son tour à gauche , et tenant à la main le contrat et une plume.

On n'attend plus que vous, messieurs, pour la signature du contrat.

VICTOR et FRABOULET.

La signature.

VÉRONIQUE , paraissant aussi sur le seuil.

On demande le marié et le beau-père.

VICTOR.

Le marié ! Voilà, voilà.

FRABOULET.

Le beau-père... on y va.

VICTOR.

Allons signer, allons signer.

FRABOULET.

Un instant, monsieur , de temps immémorial dans ma famille, on s'est passé de génie, et l'on a eu de l'ordre ; je suis artiste aussi, moi, et j'en ai, j'en ai beaucoup.

VICTOR.

Artiste, vous !... Ah ! ah ! ah ! parce que vous vous êtes mis en tête de jouer Mithridate... Pardon, mon oncle, ça ne vous va pas.

FRABOULET.

Ça ne me va pas... Il ose dire que ça ne me va pas... Mithridate! mon triomphe !... O Saint-Aulaire !

VICTOR.

Non , mon oncle , vous ne vous entendez pas plus à jouer la tragédie qu'à nous faire des surprises...

FRABOULET.

Plaît-il ?... je ne m'entends pas...

VICTOR.}

Non, vous avez beau faire... ont sait toujours à l'avance quel est le grand événement que vous cachez à tout le monde , et vous ne surprenez personne.

FRABOULET.

Ah ! je ne surprends personne ! monsieur , Frédéric, donnez-moi ce contrat... vous allez le signer à l'instant , à l'instant même ; mais non pas comme notaire, comme futur.

FRÉDÉRIC.

Que dites-vous ?

VÉRONIQUE et AMÉLIE.

Comme futur !

FRABOULET.

Je le veux ! je le veux ! et ma volonté est immuable.

(Pendant que Fraboulet a le dos tourné , Victor fait signe à Frédéric et Amélie, qui hésitent et le regardent avec inquiétude, de le laisser faire et de signer.

FRÉDÉRIC.

J'obéis.

FRABOULET , se retournant avec colère du côté de Victor.

Hein ! je ne m'entends pas en surprise, monsieur Victor? Celle-là vous la deviniez à l'avance, n'est-ce pas ?

VICTOR , à part.

Un peu, mon pauvre oncle ! (Fraboulet signe le contrat. Pendant ce temps les deux jeunes gens regardent Victor avec surprise. Victor tire de son sein la lettre trouvée dans la brochure, et la montre à sa cousine en imitant sa voix :) Eh bien, mademoiselle ? « Je ne veux pas d'un mari qui « soit comédien... ! »

AMÉLIE.

O ciel ! cette lettre... (Frédéric et Véronique se sont mêlés à ce groupe et vont parler.)]

VICTOR, leur montrant Fraboulet qui se retourne après avoir signé.

Silence !

FRABOULET, à Frédéric.

Venez, venez, mon gendre, je vais vous pé-senter à mes amis...(à Victor),et toi, malheureux, va t'en, je te renie, je te maudis je te chasse... va-t'en débuter à la comédie française... tu ne réussiras pas, tu tomberas , parce qu'un artiste qui n'a pas de cœur n'est pas un artiste... en-tends-tu? c'est le public qui me vengera... va-t'en, ingrat, mauvais sujet, buveur de punch, va t'en ! tu seras sifflé ! tu seras sifflé...

VICTOR, avec âme, quittant le ton qu'il a pris depuis la rentrée de son oncle.

Oh ! jespère que non , mon oncle ; tenez, re-gardez-moi bien : maintenant que vous avez si-gné, mon ivresse se dissipe ; j'ai encore un peu de cœur quoique vous en disiez, et le souvenir de vos bienfaits n'est jamais sorti de mon âme, je vous chéris , je vous respecte toujours... mais...

FRABOULET.

Mais quoi ?... Comment? que signifie ?

VICTOR, montrant Amélie.

Mais elle, elle ne peut m'aimer que comme un frère, et pour faire son bonheur en détruisant le mien , pour vous forcer à renoncer à moi, à me préférer un rival...

FRABOULET.

Eh bien?

VICTOR.

Eh bien ! j'ai joué la comédie , et sans le sa-voir, vous m'avez donné la réplique, Mithridate.

FRABOULET.

Plaît-il ? je vous ai servi de compère, mon-sieur?... O Saint-Aulaire !

VICTOR.

Mon oncle , un comédien ne doit pas se ma-rier. Je débute aux Français dans huit jours.

TOUS.

Dans huit jours !

VICTOR.

Lisez plutôt.

(Il remet l'ordre de début à son oncle.)

CHŒUR FINAL.

AIR : du triolet bleu.

TOUS, excepté Victor.

Quoi déjà !. dans huit jours ! débuter aux Français !
Ah ! pour lui j'ose à peine espérer un succès !
Mais peut-être d'abord on l'encouragera,
Et puis avec le temps le talent lui viendra.

VICTOR.

Oui vraiment, dans huit jours, je débute aux Français
Et sais-je si le sort me réserve un succès ?
Mais je crois que d'abord on m'encouragera,
Et peut-être plus tard le talent me viendra.

(Au public.)

AIR : de l'Héritière.

Mon oncle a dit : à ton audace
Il faut des sifflets... quel effroi !
Tremblant encor de sa menace,
Je demande grâce pour moi.
Ah ! contre lui, messieurs , protégez-moi.
L'imprévu, voilà sa manie ;
Les surprises, son élément...
Puissiez-vous donc, excusant ma folie,
Le surprendre en m'applaudissant.

Reprise du chœur.

FIN DU DÉBUTANT.

Réserves faites par moi, en vendant mon fonds à M. Tresse.

Aucunes pièces de théâtre ne pourront être imprimées que dans la *France dramatique.*

L'impression de ces pièces de théâtre, dans la *France dramatique,* aura lieu, d'un commun accord, entre MM. Barba et Tresse.

Cependant, si lesdits sieurs Barba et Tresse n'étaient pas d'accord sur l'impression d'une ou de plusieurs pièces dans la *France dramatique,* l'impression en aurait lieu néanmoins ; mais, dans ce cas, elle demeurerait au compte exclusif de celle des parties qui en aurait voulu l'impression, et les résultats actifs ou passifs de cette impression seraient à son profit ou à son désavantage.

Certifié conforme à mon acte de vente du 6 juillet 1839.

J. N. BARBA.

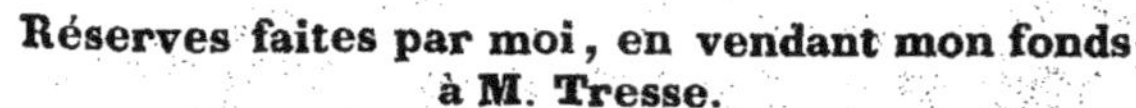

Pièces qui qui viennent de paraître dans la FRANCE DRAMATIQUE, à 30 et 60 centimes chaque.

LA FILLE DU TAPISSIER, com.-vaud. en 3 act. de MM. Cormon et St.-Amand.

LE VEAU D'OR, de MM. Scribe et Dupin.

LE MARI DE SA CUISINIÈRE, com.-vaud. en 2 act. de MM. Lockroy et Rosier.

LE DÉBUTANT, ou l'Amour et la Comédie, com. en 1 acte, mêlée de chants, par M. Charles Desnoyer.

A LA GRÂCE DE DIEU, en 5 act. de MM. Dennery et G. Lemoine.

L'AMANT BOURRU, comédie en 3 actes en vers, de Monvel, *conforme à la représentation.*

LE BUREAU DE PLACEMENT, vaud. en 2 act., *cette pièce a été beaucoup jouée à Paris.*

CARAVAGE en 3 act., de MM. Ch. Desnoyers et Alboise, *avec beaucoup de corrections,* sous les nos 585-586.

DEMOISELLE A MARIER, de MM. Scribe et Melesville.

DEUX NORMANDS, vaudeville-parade de M. Ader.

ÉCORSE RUSSE ET COEUR FRANÇAIS, vaud. *quiproquo à quatre acteurs. Cette pièce a été jouée cent fois à Paris.*

FESTIN DE PIERRE, com. en 5 act. et en vers, *conforme à la représentation.*

L'HOMME GRIS, com. en 3 actes, de MM. Pujol et Daubigny.

L'OURS ET LE PACHA, de MM. Scribe et Xavier.

MARIE STUART, tragédie en 5 actes, de M. Lebrun.

NAUFRAGE DE LA MÉDUSE, en 4 actes, de MM. Cogniard frères.

LES OISEAUX DE BOCACE, vaudeville-parade de M. Saint-Yves.

SOLDAT DE LA LOIRE ET NAPOLÉON, par MM. Gobert et Jouhaud.

LE VERRE D'EAU, com. en 5 actes, de M. Scribe.

LES VIEUX PÉCHÉS, de M. Melesville.

Paris. — COSSON, imprimeur de l'Académie royale de médecine, Rue Saint-Germain-des-Prés, 9.